À TRÈS **PETITS PAS**

Les transports

Directrice de collection : Claire Laurens
Édition simplifiée de *Les Transports à petits pas,* Actes Sud, 2010
Éditrice : Isabelle Péhourticq assistée de Marine Tasso
Directeur de création : Kamy Pakdel
Directeur artistique : Guillaume Berga
Maquette : Christelle Grossin
© Actes Sud, 2016
ISBN : 978-2-330-05761-9
Loi 49-956 du 16 juillet 1949 sur les publications destinées à la jeunesse.
Reproduit et achevé d'imprimer en décembre 2015 par l'imprimerie Pollina à Luçon - L74250B
pour le compte des éditions ACTES SUD, Le Méjan, Place Nina-Berberova, 13200 Arles
Dépôt légal 1re édition : janvier 2016

Les transports

VÉRONIQUE CORGIBET
Illustrations : JEAN-CHRISTOPHE MAZURIE

ACTES SUD junior

Comment se déplaçaient nos ancêtres ?

Longtemps, les hommes se sont déplacés à pied, à la voile, à la rame ou en s'aidant des animaux.

De grands marcheurs

Homo erectus marchait des kilomètres pour trouver du gibier et des plantes. Plus tard, l'homme de **Cro-Magnon** domestique des animaux : la chèvre et le mouton lui servent à puiser l'eau, travailler la terre et transporter des matériaux.

Bateaux sur l'eau

Les Égyptiens utilisaient des **barques** en papyrus, des **navires à rames**, des petits **bateaux à voile** pour circuler sur le Nil. Avec leur drakkar à fond plat, les Vikings naviguaient à la voile ou à la rame, sur les fleuves comme sur la mer.

Transporter des charges

Pour construire les pyramides, les Égyptiens transportaient les blocs de pierre en les faisant glisser sur des **troncs d'arbres** comme sur des rails.

Enfin, la roue !

L'invention de la **roue** est une révolution : grâce à elle, les premières charrettes voient le jour.

2

Qui a construit les premières routes ?

Après l'invention de la roue, des chars et des charrettes permettent de transporter les hommes et les marchandises. Il devient indispensable d'aménager des routes.

La guerre et le commerce

Les **Romains** faisaient la guerre pour agrandir leur empire. Ils construisirent des routes pour pouvoir atteindre les **frontières** de leur territoire en quelques jours de cheval seulement. En Gaule, les premières routes servaient au transport du courrier et des marchandises.

Les spécialistes du pont

Comme les routes romaines étaient droites, elles n'évitaient pas les obstacles et étaient équipées de **ponts** et de **tunnels**. Les Romains étaient très forts : en 55 avant Jésus-Christ, il leur fallait seulement dix jours pour construire un pont de 550 mètres.

Déjà des péages

Au Moyen Âge, les **routes du commerce** traversaient l'Europe du nord au sud et d'ouest en est. Le seigneur exigeait un "péage", un **droit de passage** : chaque voyageur devait payer avant d'emprunter une route ou un pont de son domaine.

3

Qu'est-ce qu'un moteur à vapeur ?

Au XIXe siècle, de nouveaux véhicules apparaissent : la voiture, le train, et le bateau à vapeur. Ils fonctionnent grâce à l'énergie de la vapeur d'eau.

Qu'est-ce que la vapeur ?
Si tu fais chauffer de l'eau dans une casserole, tu verras l'eau se mettre à bouillir avec de grosses bulles, puis se transformer en gaz : la vapeur d'eau. Celle-ci peut même soulever le couvercle de la casserole !
Cette énergie est capable d'actionner un mécanisme.

Comment marche le moteur à vapeur ?

L'eau est chauffée par du **charbon** qui brûle dans une **chaudière**. La vapeur libérée est dirigée vers un cylindre où elle pousse un **piston**, comme dans une pompe à vélo.

Le **mouvement** de va-et-vient du piston est transmis aux roues de la locomotive ou à l'hélice du bateau.

Ça fume !

Les premières machines à vapeur étaient de véritables monstres fumants. Elles transportaient avec elles d'énormes réserves d'eau, de charbon et de bois.

Quand a-t-on inventé l'avion ?

Dès 1780, des aéronautes ont volé dans les airs, à bord de nacelles accrochées à des ballons d'air chaud. Mais ces engins étaient difficiles à contrôler.

Les premiers avions

Ils voient le jour à la fin du XIXe siècle, grâce à l'invention du **moteur à explosion***. Le moteur assure la **poussée** en avant et les ailes permettent la **portance** de l'avion. En combinant ces deux forces, on peut faire décoller et voler un objet plus lourd que l'air. En 1909, Louis Blériot traverse la Manche à la vitesse de 55 kilomètres à l'heure.

Comment un avion vole-t-il ?

Le secret est dans la forme de ses ailes. Le dessous est plat alors que le dessus est bombé. Quand l'avion avance, l'air qui passe sous l'aile s'écoule normalement. L'air qui passe dessus doit aller plus vite parce qu'il parcourt un chemin plus long. Or quand l'air va plus vite, la pression diminue.
La pression est donc plus forte sous l'aile : elle porte l'avion.

* Le moteur à explosion fonctionne grâce à la combustion d'un mélange gazeux dans un cylindre. Il a été inventé en 1862. C'est le moteur qui équipe aujourd'hui la majorité des voitures.

Comment fabrique-t-on les voitures ?

Les premières automobiles étaient longues à fabriquer, donc chères. Il y a cent ans, tout change avec la production en série. La voiture devient accessible à tous, ou presque.

La Ford T

Cette voiture était fabriquée par les usines Ford, à Detroit, aux États-Unis. Pour la vendre moins cher, Ford installa la première **chaîne de montage** : un tapis roulant apportait les pièces aux ouvriers, qui ne se déplaçaient pas. Une heure et demie suffisait pour assembler une Ford au lieu de six heures auparavant.

Des voitures célèbres

La production en série a permis de fabriquer des modèles bon marché partout dans le monde. Certains sont devenus très populaires, comme la **coccinelle Volkswagen** en Allemagne et la **2 CV** ("deux-chevaux") de Citroën en France.

Partout, mais pas pour tous

Aujourd'hui, plus d'un milliard de véhicules circulent sur Terre, mais de nombreux habitants de la planète se déplacent encore à pied, à cheval ou à vélo.

Pourquoi roule-t-on à droite en France ?

En France, les voitures roulent à droite depuis Napoléon. Mais ce n'est pas le cas partout dans le monde.

À droite ou à gauche ?
Au Moyen Âge, on roulait à gauche. Dès 1804, **Napoléon** généralisa la conduite à droite. Mais les territoires qu'il n'avait pas soumis ont maintenu la conduite à gauche, en particulier ceux qui dépendaient des Britanniques. En **Grande-Bretagne**, en **Inde** et en **Australie**, on roule toujours à gauche.

Le Code de la route

Il précise toutes les règles à respecter lorsqu'on conduit une voiture. Le code écrit date de 1922. Son premier article était le suivant : "Tout véhicule doit avoir un conducteur" !

Des routes de plus en plus sûres

Au XXe siècle, les routes s'améliorent. Des panneaux préviennent des dangers : passages à niveau, virages. Une ligne indique le milieu de la chaussée. Plus tard, pour éviter les accidents, on construit des **autoroutes** : avec deux voies dans un sens, deux voies dans l'autre, les voitures ne se croisent plus.

7

À quoi servent les camions ?

Les camions ont d'abord servi à transporter des marchandises. Le premier date de 1924.

Des camions à tout faire

La partie avant du camion s'appelle le **tracteur**, avec sa cabine de pilotage. Elle est reliée à la partie arrière, la **remorque**. Il existe toutes sortes de camions spécialisés : le **camion frigorifique** transporte les produits frais ou surgelés, le **camion-citerne** transporte des liquides (essence, lait), la **bétaillère** transporte les animaux...

• Le **camion de pompiers**
est équipé pour éteindre
les incendies ou donner
les premiers soins au malade
ou au blessé.

• Le **camion-poubelle** ramasse,
compacte et emporte
nos déchets au centre de tri
et de traitement.

• Le **camion-benne** recueille
la terre sur un chantier
et la déverse où on en a besoin.

• Le **camion-grue** soulève
de lourdes charges pour
les déposer en haut
d'un immeuble en construction.

• La **bétonnière** emporte
le béton sur le chantier ;
sa toupie tourne sans cesse
pour remuer le béton afin
qu'il ne sèche pas.

• Le **camion à bras
élévateur** permet
de s'élever pour effectuer
des travaux en hauteur.

Que transportent les navires ?

Les navires d'aujourd'hui servent à toutes sortes d'activités. Suivons leur sillage...

Le porte-conteneurs
Il transporte d'énormes boîtes en fer qui contiennent toutes sortes de marchandises : voitures, vélos, machines à laver, vêtements, jouets...

Le navire-usine
Il permet de pêcher et de transformer aussitôt les poissons pris dans les filets. Une fois déversés sur le pont, ils sont triés, découpés et stockés dans les chambres froides.

Les péniches
Elles naviguent sur les fleuves et transportent du sable, du blé ou du charbon en vrac. Le voyage est lent mais plus économique qu'un transport par la route.

Comment flotte un bateau ?
Prends une bouteille d'eau vide fermée et essaie de l'enfoncer dans l'eau : tu sens une force qui tend à faire remonter la bouteille. C'est la **poussée d'Archimède**, qui permet aux bateaux de flotter.

Le ferry-boat
Il transporte hommes et véhicules sur de petites distances, entre deux côtes ou entre un continent et une île.

À quelle vitesse le TGV roule-t-il ?

Il existe de nombreux trains à grande vitesse dans le monde. Ils roulent à plus de 300 kilomètres à l'heure.

Comment marche le TGV ?

Les TGV sont tirés par des locomotives, les **motrices**, qui fonctionnent à l'électricité. Chaque train en possède deux : une à l'avant qui tire le train et une autre à l'arrière qui servira pour circuler dans l'autre sens.

Pourquoi le TGV a-t-il le nez pointu ?

Pour aller vite. Si son nez était plat et carré, l'air "cognerait" contre lui et le ralentirait. Mais l'air glisse autour de ce nez à la pointe arrondie et passe même derrière. C'est ce qu'on appelle une **forme aérodynamique**.

Pour les petits trajets

Les TER desservent les régions. Ils permettent les déplacements des étudiants, des lycéens et des personnes qui se rendent à leur travail. TER signifie "Transport express régional".

D'où vient l'essence ?

Elle provient du pétrole, la principale énergie des transports. Il faut l'extraire du sol, puis le raffiner et le transformer pour en faire de l'essence.

La formation du pétrole

Au cours de l'histoire de la Terre, des déchets d'animaux, de plantes et de minuscules créatures aquatiques se sont accumulés au fond des océans. Après des **millions d'années**, ils se sont transformés en pétrole. Ce produit a tendance à remonter à la surface. Mais si une couche d'argile l'arrête, il forme une poche, la **nappe de pétrole**.

L'extraction du pétrole

Quand les géologues repèrent un bouchon d'argile, ils effectuent un **forage** : ils percent un trou jusqu'à 10 000 mètres de profondeur. On envoie ensuite une sorte de tuyau qui descend jusqu'à la nappe. Parfois, le pétrole jaillit. Sinon, il faut le **pomper**.

À chacun son carburant

En chauffant le pétrole, on peut fabriquer plusieurs carburants : de l'**essence** pour les voitures, du **kérosène** pour les avions, du **fioul** pour les camions et les chaudières, du **gazole** pour les navires. Mais depuis cent ans, les hommes consomment tant de pétrole qu'il n'en reste presque plus.

Pourquoi les transports polluent-ils ?

Les transports produisent beaucoup de CO_2, le dioxyde de carbone. Ce gaz est mauvais pour la santé et contribue au réchauffement climatique, c'est-à-dire l'augmentation de la température sur Terre.

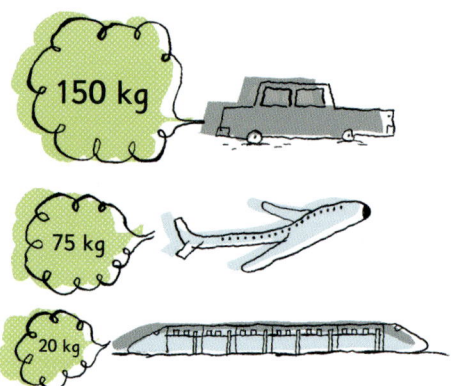

Principale accusée : la voiture

C'est le moyen de transport qui est le plus polluant par passager. L'automobiliste qui effectue un trajet Paris-Marseille émet 150 kilos de carbone. Pour le même trajet, le passager d'un avion ou d'un TGV en produit beaucoup moins, car ce sont des transports collectifs.

Il existe des énergies moins polluantes.
• **Les véhicules électriques** n'émettent pas de CO_2. Ils puisent leur énergie dans des batteries qui se rechargent sur une prise de courant.
• **Le gaz naturel** équipe de plus en plus d'autobus et de bennes à ordures.
• **Les biocarburants** fabriqués à partir de plantes comme le maïs, la betterave ou la canne à sucre. Ils sont souvent mélangés aux carburants classiques.

Garde ça plutôt pour ta voiture...

12 Peut-on se déplacer sans polluer ?

Si tu habites en ville, tu peux agir contre la pollution : déplace-toi à pied, à vélo ou en bus chaque fois que c'est possible !

Vive la marche à pied !
C'est la façon la plus saine et la plus économique de se déplacer. Il ne faut qu'un quart d'heure pour faire 1 kilomètre à pied.

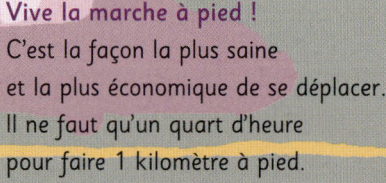

Le bus ou l'autobus, c'est gagnant
Un bus peut transporter autant de passagers que 40 ou 50 voitures. Et il circule sur une voie réservée qui lui permet d'avancer plus vite.

Le vélo, c'est la santé
C'est le mode de déplacement le plus rapide en ville sur une courte distance. Il faut un quart d'heure pour faire 3 kilomètres.

Peut-on rouler à vélo sur les trottoirs ?
Jusqu'à 8 ans, c'est permis. Au-delà, c'est interdit, sauf si une piste cyclable est dessinée sur le sol. Si tes parents t'accompagnent, ils doivent tenir leur bicyclette à la main.

QUIZ

1. En 1909, Louis Blériot a traversé la Manche :
   a. en avion
   b. en bateau à vapeur

2. Qui a décidé qu'il fallait rouler à droite en France ?
   a. Louis XIV
   b. Charlemagne
   c. Napoléon

3. Quel était le nom de la première voiture construite en série ?
   a. La Ford T
   b. La Coccinelle
   c. La 2 CV

4. Que signifient les lettres TGV ?
   a. Train des grandes vacances
   b. Train à grande vitesse
   c. Train à grandes vitres

5. Sur une autoroute, deux voitures roulant en sens inverse peuvent se croiser.
 Vrai
 Faux

6. Comment appelle-t-on la force qui permet aux bateaux de flotter ?
 a. La poussée d'Archibald
 b. La poussée d'Archimède

7. Combien faut-il d'années pour que se forme une nappe de pétrole ?
 a. Des centaines
 b. Des milliers
 c. Des millions

8. Le CO_2 (dioxyde de carbone) est responsable du réchauffement du climat.
 Vrai
 Faux

9. Quel moyen de transport émet le moins de CO$_2$ pour faire un trajet de Paris à Marseille ?
   a. La voiture
   b. Le train
   c. L'avion

10. Coche les plantes utilisées pour fabriquer des biocarburants :
   ☐ la betterave
   ☐ le chou-fleur
   ☐ le maïs
   ☐ la canne à sucre

11. La voiture électrique se recharge avec :
   a. une prise électrique
   b. de l'essence

12. Un bus transporte autant de passagers que :
   a. 10 voitures
   b. 20 voitures
   c. 40 voitures

13. Combien de temps faut-il pour faire 1 kilomètre à pied ?
- a. Un quart d'heure
- b. Une demi-heure
- c. Une heure

14. Parmi ces personnes, lesquelles peuvent circuler sur un trottoir ?
- ☐ Un piéton
- ☐ Un cycliste
- ☐ Un homme avec une poussette
- ☐ Un garçon en rollers

15. Tu es en voiture en ville avec ta maman. Elle roule dans la file des autobus...
- a. Elle a le droit
- b. Elle n'a pas le droit

Réponses :
1a – 2c – 3a – 4b – 5 Faux – 6b – 7c – 8 Vrai – 9b - 10 : la betterave, le maïs et la canne à sucre – 11a – 12c – 13a – 14 : le piéton, l'homme avec une poussette et le garçon en rollers. Un cycliste n'a pas le droit de circuler sur le trottoir s'il a plus de 8 ans – 15b.

DANS LA MÊME COLLECTION :

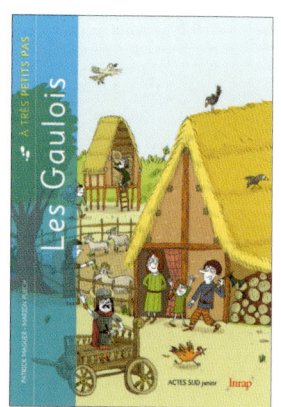  

  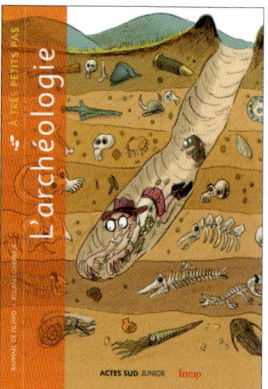

À TRÈS PETITS PAS
Le ciel

À TRÈS PETITS PAS
Le corps humain

À TRÈS PETITS PAS
L'écologie

À TRÈS PETITS PAS
La vie des animaux

À TRÈS PETITS PAS
Les volcans

À TRÈS PETITS PAS
Les aliments

À TRÈS PETITS PAS
Les inventions

À TRÈS PETITS PAS
Les pirates

À TRÈS PETITS PAS
L'Égypte

À TRÈS PETITS PAS
La forêt

À TRÈS PETITS PAS
Les Indiens d'Amérique

À TRÈS PETITS PAS
La mer et les océans

À TRÈS PETITS PAS
Le sport

À TRÈS PETITS PAS
La préhistoire

À TRÈS PETITS PAS
La santé

À TRÈS PETITS PAS
Le climat

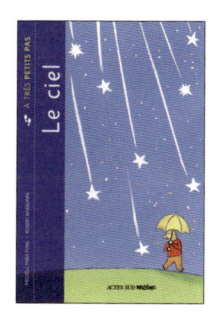

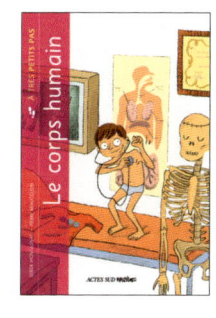

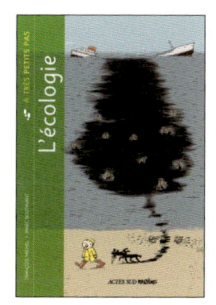

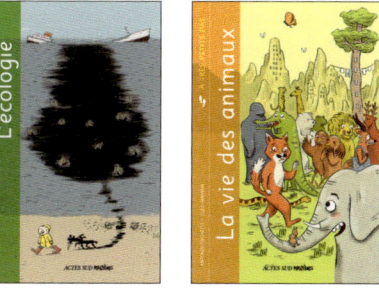

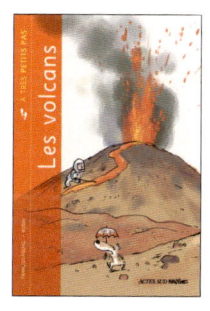

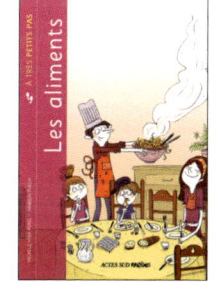

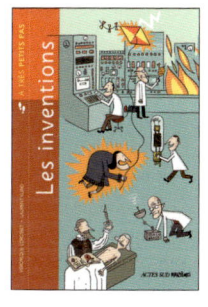

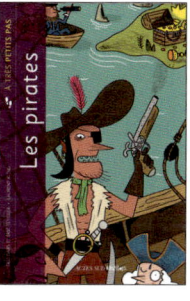

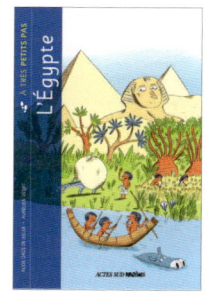

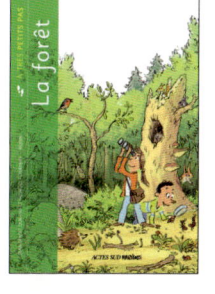

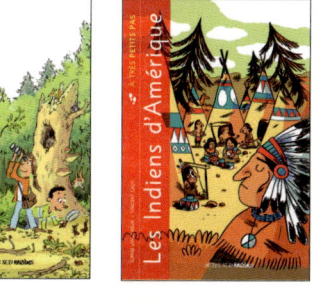

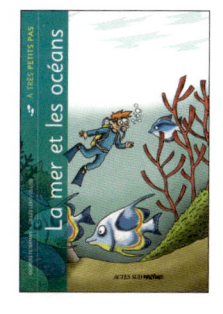

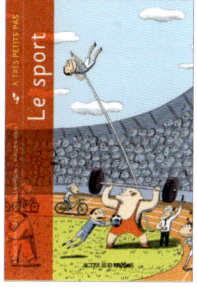

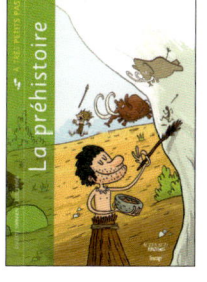

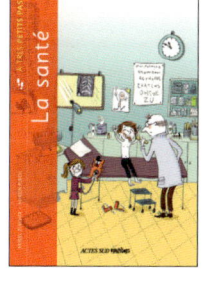

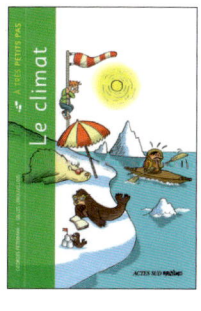